IL DIARIO DI KHABY

KHABY LAME

con Simone Laudiero

IL DIARIO DI KHABY

Illustrazioni di Gabriele Bagnoli

MONDADORI

In copertina © Nadya Galanicheva / Shutterstock, © Miniwide / Shutterstock
All'interno © Buntoon Rodseng / Shutterstock

Redazione di Clare Stringer
Si ringrazia Mara Angelilli per il contributo alle illustrazioni.

www.ragazzimondadori.it

Prima edizione maggio 2022

Stampato presso ELCOGRAF S.p.A.
Stabilimento di Cles (TN)
Printed in Italy
ISBN: 978-88-04-75024-6

Vi presento Marco, ci siamo conosciuti la settimana scorsa, il suo primo giorno di scuola. Quest'anno Marco ha iniziato le MEDIE. Me lo ricordo, com'è stato per me: una grande avventura. Nuovi luoghi, nuovi compagni, nuove emozioni e nuovi problemi.

Uno dei tanti nuovi problemi di Marco: da quest'anno torna a casa da solo. Che è **bellissimo**, no? L'indipendenza, la libertà, scegliere che strada fare...

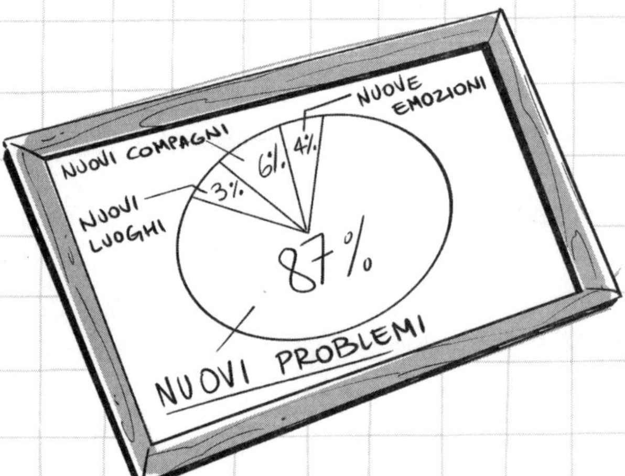

È stata un po' dura, ma quando Marco è arrivato a casa si è sentito finalmente un ragazzo grande. Poi si è ricordato del problema dell'ascensore. L'anno scorso, dopo una riparazione, la nuova pulsantiera è stata montata sopra la precedente, e Marco non è molto alto per avere undici anni.

Chiunque a questo punto avrebbe fatto le scale, perché in fondo il primo giorno di scuola nello zaino non ci sono libri. Marco invece ha la fortuna di avere dei genitori che pensano sempre a tutto.

E così Marco aveva già lo zaino pesantissimo. Non ce la poteva fare a salire le scale fino al settimo piano, dove abita. La sua unica speranza era saltare abbastanza in alto, ma come???

Io invece abito al secondo piano, quindi prendo sempre le scale. E lì ho trovato Marco che provava a scagliare lo zaino su per la prima rampa, in stile lancio del peso alle Olimpiadi.

Ho subito capito qual era il problema, ma intanto Marco stava già legando lo zaino al barboncino della signora Rampoldi per usarlo come cane da slitta.

↘ Risultato: il cane si è mangiato l'astuccio ed è scappato.

Non conoscevo Marco, ma mi sono fermato e gli ho consigliato di lasciar perdere i cani. Lui mi ha chiesto se allora avevo da prestargli un drone abbastanza potente da sollevare in volo quindici chili.

"Metti lo zaino nell'ascensore e vieni con me."

Arrivati al settimo piano ho premuto il tasto di chiamata e...

SEMPLICE, NO?

Marco è stato felicissimo e mi ha ringraziato mille volte. Io gli ho risposto che non era un problema. Anzi, se avesse avuto ancora bisogno non doveva far altro che chiedere.

"Non ti preoccupare" mi ha risposto Marco, che è un ragazzino simpatico e ottimista. "Sono sicuro che ora andrà tutto bene."
Poi però il suo sorriso è scomparso e mi sono fatto raccontare quale brutto pensiero gli fosse venuto in mente.

Il primo giorno è stato anche il giorno in cui scegliere il proprio banco. E non è stato facile: gli sembrava che tutti si conoscessero già. Chi veniva dalla stessa classe, chi aveva un cugino o almeno un amico del karate: possibile che si fossero tutti messi d'accordo tranne lui?

STESSA CLASSE
STESSA CLASSE
CUGINI
CUGINI
SIGH
FACEVANO CALCIO INSIEME
FACEVANO PALLAVOLO INSIEME
FACEVANO KARATE INSIEME
FACEVANO PATTINAGGIO INSIEME
FACEVANO KAYAK INSIEME
KAYAK ???
CHI FA KAYAK A 10 ANNI???

Marco invece non conosceva nessuno e alla fine ha scelto il posto accanto a un ragazzo con il gilet a quadri che in quanto ad amici non sembrava essere messo molto meglio di lui.
Ma la cosa peggiore me l'ha raccontata qualche giorno più tardi. Marco ha scoperto che Denis Lorenzoni, il bullo che lo perseguitava alle elementari, frequenta anche questa nuova scuola. Dopo due bocciature Denis aveva finalmente superato la quinta e Marco pensava di essersene liberato, e invece rieccolo qui in forma smagliante.

Lorenzoni, evidentemente, ama gli insulti ortofrutticoli. A Marco invece non piacciono per niente e ha subito deciso di cambiare strada, ma Lorenzoni non lo ha mollato. In particolare dopo che la sua ultima invenzione, "sederino cipollino", lo ha fatto divertire così tanto.

Marco, pur di liberarsi del bullo, stava valutando i percorsi più improbabili: saltare da un tetto all'altro come Neo di *Matrix*; camminare sulle pareti dei palazzi come l'Uomo Ragno; strisciare nelle fogne, sempre come Neo di *Matrix* ma quando è vestito di stracci. Di questi, l'unico fattibile era quello nelle fogne, ma l'ho sconsigliato a Marco: il punto non è solo arrivare a scuola, ma anche arrivarci abbastanza puliti da poter entrare.

Scartata l'ipotesi fogne, ha pensato di travestirsi da vecchina, indossando uno scialle e mettendo i libri in un carrello per fare la spesa, ma ha scoperto che Lorenzoni ama bullizzare anche gli anziani.

Come ultima possibilità, Marco ha deciso di affrontare Lorenzoni. Al primo insulto a tema vegetale si è voltato e gli ha detto: "Prova a ripeterlo!".
E qui Lorenzoni ha dimostrato che il suo talento ortofrutticolo non si limita alle parole ma vale anche nei fatti.

Ed è così che l'ho trovato oggi. A questo punto ho deciso che dovevo intervenire. Anche se Marco non ha pensato di chiedermi aiuto, sono stato io ad avvicinarmi per sapere se potevo fare qualcosa per lui.
"Dipende" mi ha risposto. "Conosci una strategia per allontanare i bulli?"

"Una strategia che vale per tutti i bulli non c'è" ho detto. "Ma di solito funziona ignorarli e non dargli importanza. E soprattutto farsi dei nuovi amici."

Sono d'accordo. Farsi degli amici non è mai stato facile. Farsi dei buoni amici, ancora meno. Farsi degli amici veri, poi, è difficilissimo. Ma a volte nella vita se si ha un po' di fortuna e non ci si sta a pensare troppo, succedono cose buone. Come trovare un amico.

Dopotutto, Marco ne ha trovato uno proprio il primo giorno di scuola, no?

Oggi ho rivisto Marco ed era davvero abbattuto. Tra le novità delle medie ce n'è una a cui non aveva dato importanza e che invece ha delle conseguenze ENORMI sulla vita di ogni studente. Sembra un cambiamento da poco, ma in realtà è una vera rivoluzione: alle medie non si porta più il grembiule.

Anche io ho capito l'importanza del grembiule solo quando non ho più dovuto metterlo: così semplice e così efficace. Impedisce agli altri di vedere come sei vestito e ti risparmia un sacco di rogne.

Alle elementari non devi mai preoccuparti di come sei vestito. Per lo più ci pensa tua madre e tu intanto puoi dedicarti alle cose davvero importanti.

Alle medie cambia tutto. Gli altri vedono come sei vestito e non puoi più fidarti di tua madre. Devi sceglierti tu i vestiti, o almeno deve sembrare che te li scelga tu. Se a qualcuno viene il sospetto che è ancora tua madre a sceglierli...

...sei SPACCIATO!

Allora ho chiesto a Marco: "Ma chi è che stabilisce cosa devono indossare i maschi della tua classe? Le sfilate di moda? I video dei fashion blogger?".

"Niente di tutto questo" ha risposto Marco.

"È Luca Pellegatti, il più figo della classe."

Chi veste come Pellegatti viene ascoltato, le ragazze lo guardano, gli amici lo seguono.

Chi non veste come Pellegatti, invece, è condannato, anche se vuole solo stare tranquillo.

Questo, però, Marco lo ha capito **troppo tardi**.

Il secondo giorno si è presentato a scuola con una maglietta dei Gormiti che lo ha fatto schizzare al secondo posto nella classifica dei peggio vestiti della classe. Al primo posto c'è quel ragazzo con il gilet a quadri di cui nessuno sa il nome.

Giovedì Marco si è trovato costretto a fare una cosa che non aveva mai avuto bisogno di fare prima: aprire il suo armadio e capire che cosa c'è di preciso dentro. Ha scoperto così che i suoi vestiti sono tanti e di vari tipi, ma tutti hanno una cosa in comune: non vanno bene.

Per non parlare del problema più grave di tutti: le scarpe. Con le scarpe non si può barare: ci sono le scarpe giuste e le altre scarpe. Quando Marco arriva a scuola con le sue scarpe normali, Anna Wang gli lancia un'occhiata così gelida che per un momento sembra già febbraio.

Dopo la brutta esperienza con Annina, Marco ha fatto una cosa che fa raramente perché poi non sa mai come va a finire.

"Ho chiesto consiglio a mia sorella" mi ha raccontato. "Viviana va al liceo ed è <u>spietata</u>. Ma a volte mi dà dei buoni consigli. Altre volte è antipatica e basta." Questa volta, se non ho capito male, è stata antipatica e basta.

Fallito anche l'approccio con la sorella, Marco ha chiesto consiglio a suo padre. Chiedere consiglio al proprio padre su come vestirsi è una cosa che funziona solo dopo i trent'anni. A undici è chiaramente una pessima idea.

Alla fine Marco ha dovuto accettare che la famiglia in certi casi è inutile. Per lui è arrivato il momento di passare al contrattacco. Ho scaricato da Internet immagini e scheda tecnica delle nuove scarpe bianche alla Luca Pellegatti e le ha passate a sua madre. Non ha lasciato niente al caso.

Sua madre è tornata la sera con un paio di scarpe da ginnastica marroni con la suola traspirante, dicendo: "Queste fanno anche bene alle caviglie". Marco avrebbe voluto masticarle e poi sputarle a pezzettini nel cestino dell'indifferenziata.

E così arriviamo a oggi, quando ho rivisto Marco mentre tornava da scuola e abbiamo fatto un pezzo di strada insieme. Mi ha raccontato delle sue disavventure con i vestiti e le scarpe. Alla fine è riuscito a trovare nel suo armadio dei jeans che nessuno dei suoi compagni ha commentato, ma il resto è tutto un problema.

Vedendolo così abbattuto gli ho messo una mano sulla spalla e gli ho detto: "Entra in classe a testa alta, e nessuno si preoccuperà di che cosa indossi. Perché alla fine i vestiti non contano quanto la sicurezza con cui li porti".

Sul momento non mi ha creduto, ma quando il mattino dopo è venuto a bussare alla porta di casa mia vestito con i suoi normalissimi vestiti, io gli ho subito fatto un grande sorriso. E indovinate un po'? HA FUNZIONATO.

Nessuno quel giorno ha lanciato occhiatacce a Marco, che ha capito di aver risolto il problema dei vestiti. Non immaginava, però, che un altro problema ancora più grave si stava preparando...

Mi è sempre piaciuto giocare a calcio.
Mi diverto molto e sono anche bravino. E poi, da quando i grandi campioni fanno la **KHABY MOVE** dopo aver segnato all'Old Trafford o al Parco dei Principi, anche io copio le loro esultanze quando segno ai campetti di via Birignoni.

Nella nuova scuola, Marco ha scoperto che il livello del calcio giocato sale parecchio dalle elementari alle medie. Tra ragazzi che sono cresciuti di 30 cm in un'estate, ripetenti e semplici talenti naturali, è come passare dalla Serie D –> alla Champions in una sola stagione.

A Marco piace molto giocare e se l'è sempre cavata, nonostante suo padre non abbia mai fatto molto per insegnargli o incoraggiarlo. Anzi, non ha fatto niente se non portarlo una volta allo stadio e trasmettergli i principi del tifoso.

Marco non ha mai fatto scuola calcio. Ha imparato osservando i compagni e gli è sempre bastato. "Dopotutto" pensava, "si gioca a calcio per divertirsi, no?" Da quest'anno, **NO**. Alle medie il calcio è un modo per spiccare tra gli altri, attirare l'invidia dei meno bravi e gli sguardi adoranti di chi ti piace.
Marco mi ha fatto una classifica dei suoi compagni in ordine di bravura:

Marco è considerato più bravo di Barletta solo grazie a un gol segnato il primo giorno al parco che non sarebbe mai in grado di ripetere. In cima alla classifica invece c'è il temutissimo Adil Bensaid, specializzato in trick e virtuosismi vari con il pallone.

Tutti i compagni di Marco impazziscono per queste prodezze. Perfino l'elegantissimo Luca Pellegatti, conquistato da un **dribbling epico** di Adil Bensaid, ha finito per dichiarare: "Le scarpette da calcio di Bensaid sono le più belle della classe".

Nel gruppo di classe su WhatsApp Ginevra Pascali, considerata la più bella, ha scritto *Adil è un vero campione* facendolo salire di due posizioni nella classifica dei più belli della I C. Ma questo Marco mi ha detto di averlo saputo da Malick, perché lui il cellulare ancora non lo ha. Non è facile, in prima media, la vita di quelli senza telefono.

Sono in due in classe a non avere ancora il telefono. Uno è Marco e l'altro è quel compagno a cui nessuno ha ancora chiesto il nome perché ha il gilet a quadri.

Ma torniamo al calcio. Marco mi ha raccontato delle prodezze di Adil Bensaid mentre mangiavamo un piatto maxi di patatine dal chiosco di Mimmo. Che ve lo dico a fare? Marco vorrebbe la velocità, il controllo di palla e la potenza del suo compagno Adil, ma tecnicamente ha ancora tanto da imparare.

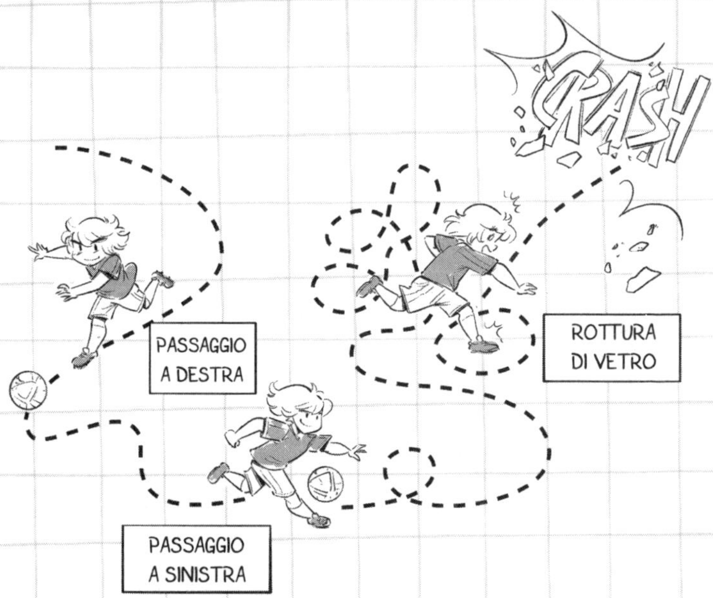

Ogni tanto mi capita di passare davanti ai campetti e lo vedo giocare: non appena prende la palla, Marco prova a fare uno dei complicatissimi trick di Adil, con risultati disastrosi.

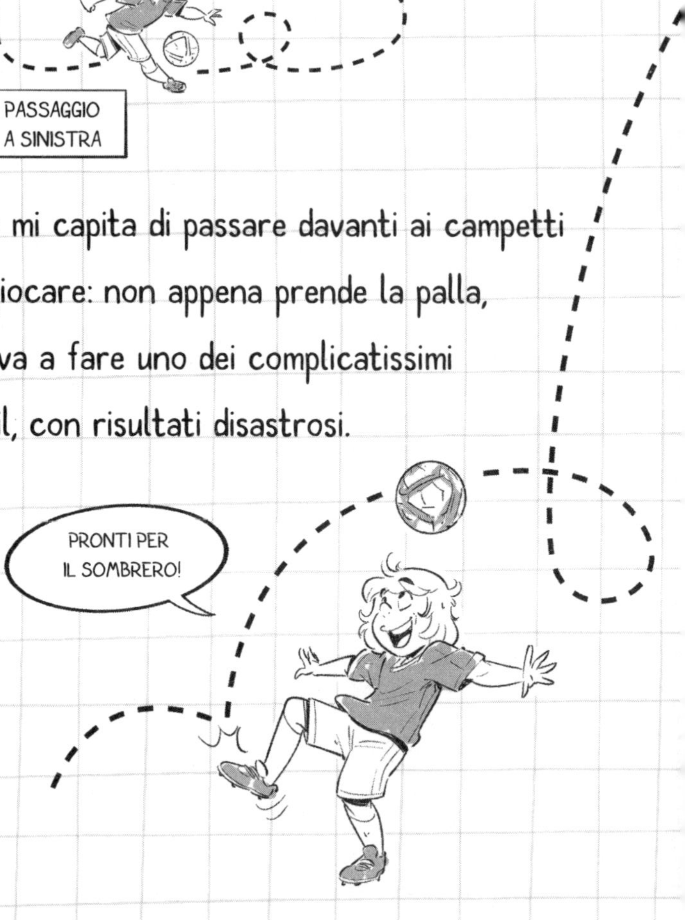

Primo tentativo di sombrero: palla agli avversari.

Secondo tentativo di sombrero:

palla tra le giacche (degli avversari).

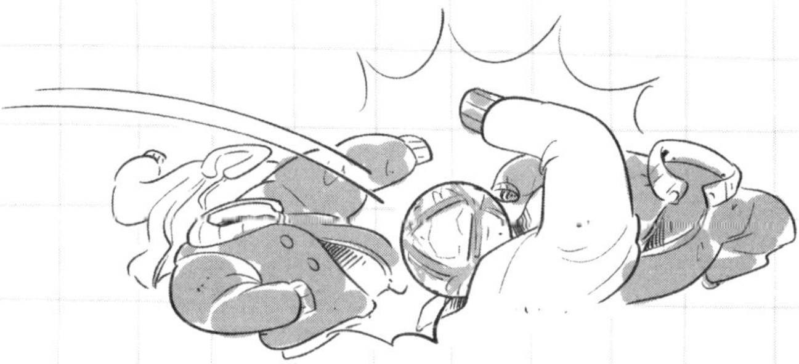

Terzo tentativo: palla sulla testa

di un liceale del campo adiacente

e partita sospesa per

fuggi fuggi generale.

Le cose però non fanno che peggiorare: tra i compagni si è diffusa la moda di festeggiare i compleanni ai campetti, quindi le occasioni di giocare abbondano. È proprio durante la partita di compleanno di Kevin Toffarelli che Marco, ricevuta la palla a pochi metri dalla rete avversaria, tenta un difficilissimo pallonetto smorzato, manca completamente il pallone e vola con il sedere per terra. Il portiere avversario ha riso così forte che gli è uscita l'aranciata dal naso e il gioco si è fermato.

Solo pochi minuti dopo, nel tentativo di rifarsi, Marco si lancia in un doppio passo alla Zidane per scartare il roccioso Luis Sánchez.

Ottiene invece di scartare se stesso e, nessuno ha capito come, di perdere entrambe le scarpe.

"Forse è per questo che lo chiamano doppio passo?" ha commentato Luis Sánchez facendo ridere tutti. Anna Wang in particolare ci è rimasta molto male e forse si è anche messa a piangere per qualche minuto. Marco non ne è sicuro perché ci ha messo un po' di tempo a districarsi dalla rete avversaria, ma è certo che quando è andato a scusarsi e a riprendersi la scarpa, Annina gli ha scoccato un'occhiata ancora più gelida di quella della volta precedente.

Non sapendo più come fare a migliorare, Marco ha deciso di tentare il tutto per tutto. Tramite suo cugino Giovanni, tredici anni, si è imbucato a una partita di compleanno di terza media, ignorando che si giocava contro la III B, la classe più terribile della scuola in cui ovviamente c'è anche Denis Lorenzoni. Il risultato non è stato quello che aveva sperato. Totale gol: 0. Totale contusioni: 17.

Quando Marco mi ha raccontato quest'ultimo episodio, ho deciso di intervenire. Dovevo dirgli qualcosa, ma sapete che sono un tipo di poche parole. Così ci ho pensato su un attimo e intanto ho mangiato qualche altra patatina.

Che poi alla fine nel calcio le cose importanti sono due: la prima è divertirsi. Certo, fare dei trick pazzeschi può aiutare a divertirsi, ma è solo una delle tante cose: è divertente anche riuscire a fare un buon passaggio a un compagno, parare un bel tiro, staccare tutti gli altri correndo sulla fascia e così via. La seconda cosa importante, ovviamente, è...

Divertirsi e fare gol, giusto? E non si buca la porta con i trick assurdi, ma con la concentrazione e la tenacia, facendo quello che sai fare nel modo migliore possibile.

Marco ha capito e infatti, quando il giorno dopo sono passato davanti alla sua scuola e l'ho visto giocare, finalmente era protagonista di un'azione vincente. Ha preso palla a centrocampo, l'ha passata a un amico, è scattato avanti ed è arrivato giusto in tempo sotto porta per riaverla indietro e segnare.

FACILE ED EFFICACE,
come piace a me.

Con l'inizio delle medie per Marco continuano le novità. Ieri l'ho incontrato seduto su una panchina con un telefonino in mano. Gli ho chiesto se fosse suo e mi ha risposto che sì, era proprio suo. Eppure la faccia di Marco non sembrava quella di chi ha raggiunto un grande traguardo.

"Com'è questo telefono nuovo?" gli ho domandato. Marco mi ha spiegato che il problema era proprio quello: tecnicamente *non* era nuovo, anzi, era decisamente vecchio... **vecchissimo**! I suoi avevano finalmente ceduto sul cellulare, ma si era beccato quello usato di suo padre, che ne aveva appena ricevuto uno nuovo di zecca dal lavoro.

Non era poi così terribile. Certo, non era l'ultimo iPhone, ma era in grado di fare le cose fondamentali.

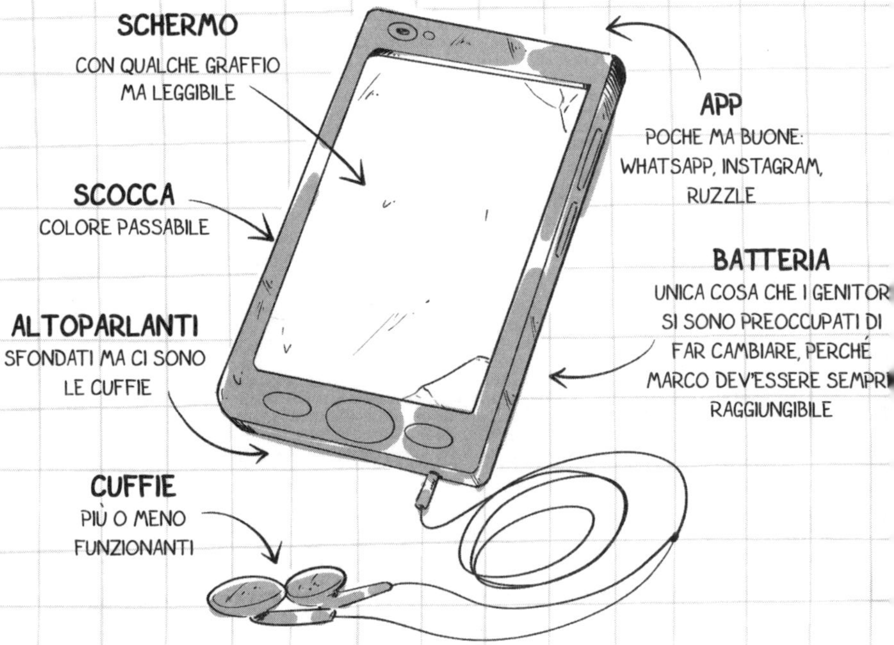

Ma la cosa che più fa soffrire Marco è il brand: Bananacom, una **sconosciutissima** azienda asiatica, che suo padre ha trovato tramite un canale di acquisto solidale. Se ci sono marche che da sole bastano a rendere figo un oggetto, non c'è dubbio che Bananacom basti da sola a ottenere l'effetto contrario.

Io sono convinto che non ha importanza che telefono hai. I miei primi video li ho girati con un cellulare qualunque e hanno avuto molto più successo di tanti altri video girati in seguito con telefoni costosissimi di marche famose.
Ho provato a spiegare a Marco che non importa quale telefono hai, ma come lo usi. Lui però si vergognava di farsi vedere con il Bananacom dai suoi compagni e posso capirlo: i ragazzi sanno essere molto cattivi quando vogliono.

Oggi ho incontrato Marco sulle scale e gli ho proposto di scambiarci i numeri. Mi ha detto che ero il primo a cui lo dava. Non ha avuto il coraggio di darlo ai compagni per paura che gli chiedano di vedere il nuovo telefono, e quindi non è neanche entrato nella chat di classe su WhatsApp.

Si è convinto del tutto di questa decisione, dopo aver chiesto a sua sorella Viviana, che al liceo si muove in territori ancora più pericolosi. Marco farebbe bene a prendere con le pinze i consigli di Viviana, ma è pur sempre la sorella maggiore e lui la considera una fondamentale fonte di verità.

Marco ha cercato di indagare e sua sorella gli ha rivelato la classifica delle cinque cose che una ragazza guarda in un ragazzo. Se volete il mio parere, questa classifica descrive i gusti di una ragazza un po' superficiale, ma intanto eccola qui:

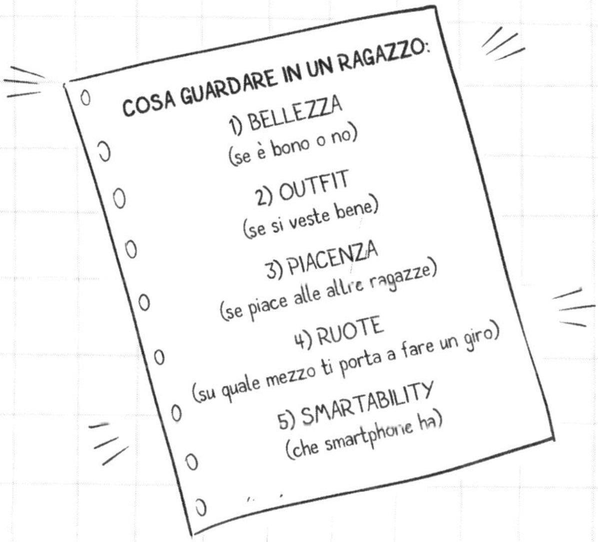

Marco ne è uscito distrutto. Si è reso conto di non poter fare niente per i primi tre punti (anche se non è certo brutto), e per il quarto non ne parliamo. Il telefono era in effetti l'unica cosa su cui poteva avere qualche speranza, ma con un Bananacom iniziava decisamente male...

Messo con le spalle al muro, ha fatto quello che ogni ragazzino di undici anni avrebbe fatto: è andato dalla mamma.

E poi il padre ha aggiunto la frase che ogni ragazzino di undici anni con le spalle al muro non vorrebbe mai sentirsi dire.

È stato così che Marco si è messo a fare il giro del quartiere in cerca di qualche lavoretto. Nella sua testa immaginava di dipingere lo steccato di un vicino, ma ben presto si è reso conto che questa è una cosa che succede solo in America. In Italia, o almeno a Chivasso, nessuno ha lo steccato.

Marco è stato bravo, e presto ha trovato un primo lavoretto: portare a spasso i cani dell'avvocato Kone del quarto piano. Peccato che i cani sono tre e ognuno pesa quasi come Marco stesso, con il risultato che è difficile stabilire chi porta a spasso chi.

Visto che i cani erano troppi e troppo grandi, Marco è passato a innaffiare le piante della signora Lopez del sesto piano. Peccato che da lassù aveva una visuale perfetta della figlia del geometra Fiacchetti che prendeva il sole sul balcone in costume da bagno, e si è distratto...

Marco ha rinunciato anche al suo lavoro di giardinaggio e ha ripiegato su un'occupazione più puzzolente ma più sicura: buttare la spazzatura degli anziani del palazzo. Ha scoperto che nel nostro condominio ci sono ben dodici anziani soli, e tutti si sono dichiarati interessati al servizio. Il piano questa volta non poteva fallire.

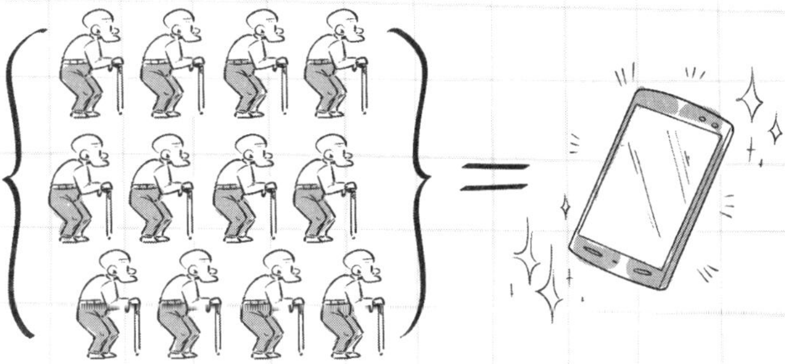

Peccato che, buttando la spazzatura la sera, Marco al buio abbia sbagliato colore dei cassonetti gettando l'organico nella plastica. Il condominio ha preso una multa, che naturalmente Marco ha dovuto pagare di tasca sua: 56 euro, esattamente quello che aveva guadagnato fino a quel momento.

Questa storia della multa mi ha fatto davvero arrabbiare, perché Marco si era impegnato molto, così ho deciso di aiutarlo. Però non volevo regalargli un telefono nuovo: ve l'ho detto, sono convinto che la marca e la potenza del telefono non siano importanti.

Così un pomeriggio ho chiesto ai genitori di Marco il permesso di portarlo a fare un giro e siamo andati insieme al centro commerciale, dove c'è un grande negozio che vende cover di ogni tipo.

DETTO FATTO: con una bella cover il Bananacom è uguale a tutti gli altri telefoni. Marco ne ha scelta una con l'occhio Sharingan del clan Uchiha e naturalmente ho approvato.

Il giorno dopo a scuola ha dato il suo numero a tutti ed è finalmente entrato nella chat di classe su WhatsApp, scoprendo che è esattamente come la sua classe dal vivo, ma ancora più selvaggia.

Marco fin da piccolissimo ha sempre avuto una passione, o meglio una certezza: nel suo destino c'erano delle gloriose partite di LASER GAME. Purtroppo anche sua madre ha sempre avuto una certezza: il laser game è un gioco per ragazzi più grandi.

Ma ora è finalmente uno studente delle medie e niente può mettersi tra lui e il laser game. E così l'altra mattina mentre faceva colazione ha deciso di porre la fatidica domanda a sua madre, e la risposta è stata... STRABILIANTE.

Marco quasi non ci poteva credere. Quel giorno l'ho incontrato mentre andava a scuola e sembrava

camminare a venti centimetri da terra, come un piccolo Iron Man che si prepara per sparare agli alieni.
Gli ho chiesto se ci fossero novità e lui mi ha risposto solo: “Andrò al laser game”.
Che poi se lo chiedete a me il laser game è carino, ma niente per cui perdere la testa.

Quando ci siamo visti qualche giorno più tardi, mi ha detto che aveva lanciato in classe l'idea di andare tutti al laser game. La cosa non ha riscosso il successo travolgente che si aspettava, ma almeno una decina di compagni erano interessati. Un numero sufficiente per una feroce battaglia 5 vs 5. Così era tornato a casa al settimo cielo e aveva cominciato a studiare strategie.

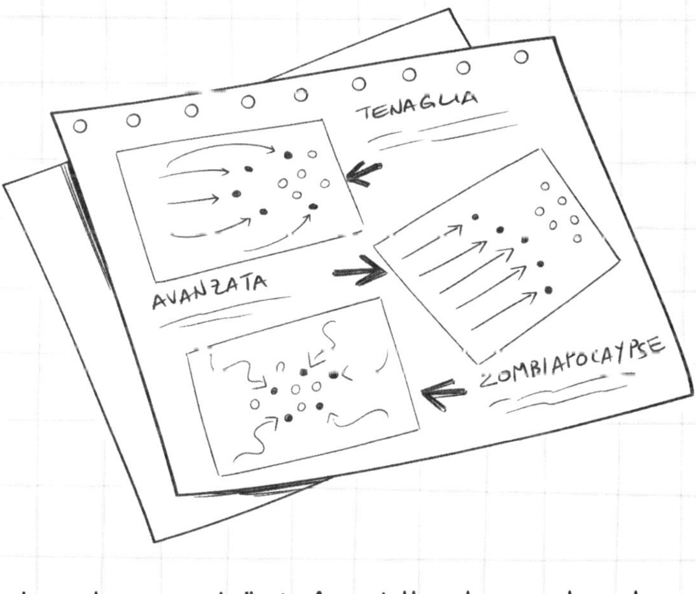

Anche sul gruppo WhatsApp della classe, al quale finalmente Marco aveva accesso, l'imminente partita era uno dei **temi caldi** del momento.

Da principio i dieci partecipanti si limitavano a proporre ognuno le proprie tattiche, poi a poco a poco sono passati alle minacce.

Marco non stava nella pelle. Il giorno seguente ha organizzato uno speciale addestramento durante l'ora di educazione fisica.
Il prof Mottoli ha una dipendenza da social network e, quando non costringe i suoi studenti a girare assurdi video da pubblicare sul suo profilo Instagram, tende facilmente a distrarsi (Marco mi ha detto che di solito per metà della lezione riescono a fare praticamente qualunque cosa senza che lui se ne accorga).

Questo addestramento simulato è stato vinto dalla squadra avversaria di Marco dopo che Manuela Bottini ha intrappolato tre nemici nella rete di pallavolo. Manuela Bottini è due anni ripetente. Praticamente un titano inarrestabile.

Oggi pomeriggio alle 16 Marco è finalmente uscito di casa pronto per il suo primo laser game. L'ho incontrato mentre si avviava e mi sono offerto di accompagnarlo. Non riusciva a smettere di dire quanto si sarebbe impegnato e quali incredibili risultati avrebbe ottenuto.

Eravamo quasi arrivati, quando Marco si è zittito. La faccia gli era diventata bianca come una mozzarella. Sul gruppo WhatsApp era arrivato un messaggio di Ginevra Pascali, la più bella della classe.

Marco era sconvolto: come un gioco per bambini?! Per tutta la vita sua madre gli aveva ripetuto che era troppo piccolo per andarci, e ora scopre di essere troppo grande???

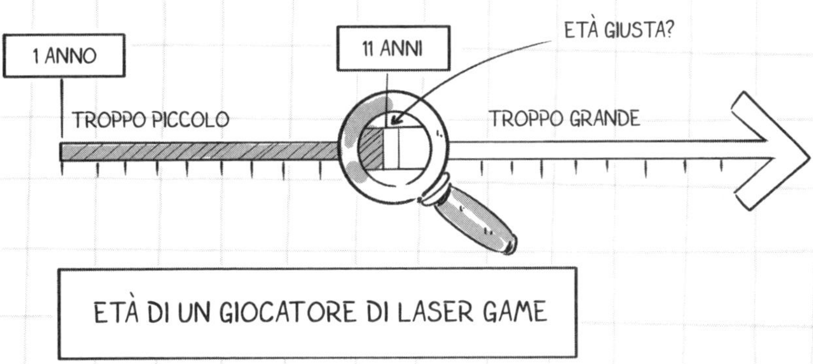

Purtroppo per Marco, è evidente che l'opinione di Ginevra Pascali pesa come un macigno.
Quando siamo arrivati davanti al laser game, infatti, abbiamo scoperto che nessuno si era presentato all'appuntamento.
Nessuno a parte quel ragazzo a cui i compagni non hanno mai chiesto il nome perché mette sempre un gilet a quadri e non ha il telefono.

Intanto nella chat di classe infuriava una gara a chi inventava la scusa più incredibile.

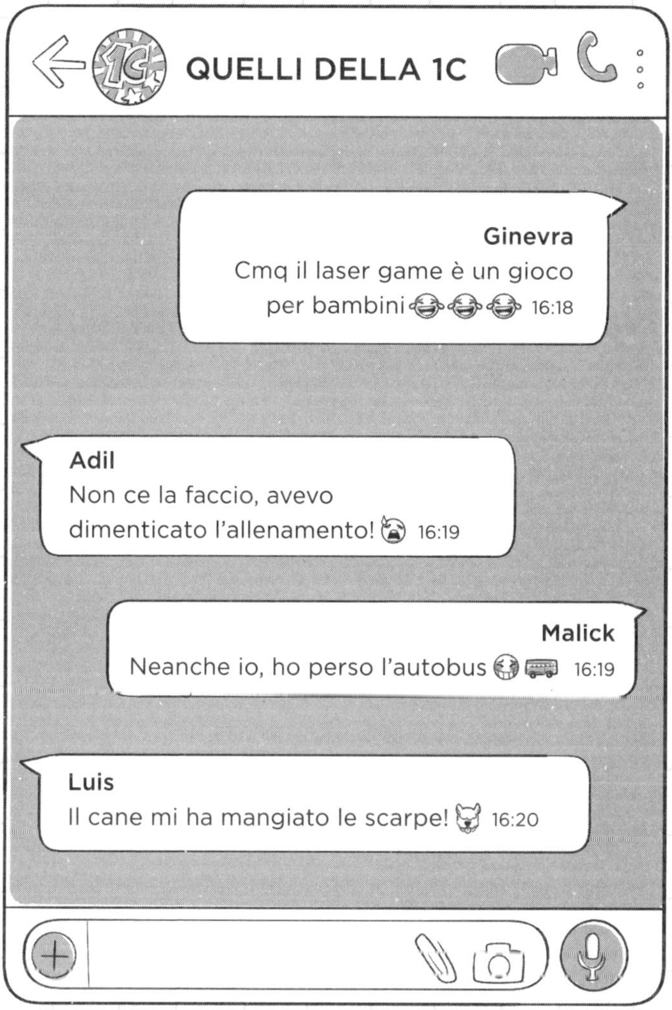

Ma la più assurda era quella di Barletta, che sosteneva di essere allergico al laser. Marco ha incassato l'umiliazione senza mostrare la sua delusione e un po' vigliaccamente si è unito al coro di annullamenti.

Marco era molto triste, ma non voleva darlo a vedere. "Non è giusto" mi ha detto a bassa voce. "Erano anni che aspettavo di giocarci!"
Io gli ho risposto che di certo era un peccato non aver potuto giocare, ma almeno aveva trovato un nuovo amico.
"Di che amico stai parlando?" ha detto Marco.
Io gli ho indicato l'unico compagno che si era presentato.
"Ma lui ha il gilet a quadri!" ha protestato Marco.
Sapevo già cosa fare.

Marco è stato d'accordo con me. Senza gilet a quadri il suo compagno ha subito riacquistato sicurezza. Marco ha anche scoperto come si chiama: Antonio Vigna. Antonio è timido ma simpatico e lui e Marco sembrano avere molte cose in comune, una tra tutte la passione per il laser game. Insieme hanno deciso di unirsi al gruppo successivo per poter giocare lo stesso (e già che c'ero sono andato pure io).

È stata una strage.

L'altra buona notizia è che Antonio non vive lontano da dove abitiamo io e Marco, così siamo tornati a casa tutti insieme e lungo la strada i due si sono messi a chiacchierare.

Vestiti, calcio, telefono. Tutti PROBLEMI che Marco non si aspettava di dover affrontare con l'arrivo alle medie e che lo hanno colto di sorpresa. Solo a una cosa era preparato, perché ogni adulto che incontrava, e in particolare zia Agenora, gliel'aveva ripetuta per tutta l'estate.

Il doppio, il triplo, il quintuplo!!! Lo studio aumentava ogni volta che zia Agenora ripeteva il suo terribile avvertimento, così Marco aveva deciso di non parlarle più.

Marco era preparato al peggio, ma non per questo gli è andata meglio. Perché, nonostante i suoi terribili capelli, zia Agenora aveva ragione: alle medie si studia molto di più. Basta pesare i libri per saperlo.

Alle medie i professori fanno sul serio. Sanno che durante l'anno dovranno spiegare molte cose, alcune difficili, e non vogliono perdere tempo. Io alle medie avevo un professore che quando dava i compiti sembrava una mitragliatrice.

Anche Marco sta scoprendo che alle medie bisogna darsi da fare. Il segreto, se lo chiedete a me, è avere un po' di metodo. Fare i compiti giorno per giorno, concentrati, senza distrazioni e senza rimandare, in modo da toglierseli subito e poter fare anche altro.

In classe di Marco c'è anche la prof Cedroni, che insegna matematica da tanti anni. Anche io l'ho avuta e la ricordo bene: è una prof severa ma giusta che con il tempo i ragazzi imparano ad apprezzare. Non subito però, perché la Cedroni sa nascondere le sue virtù.

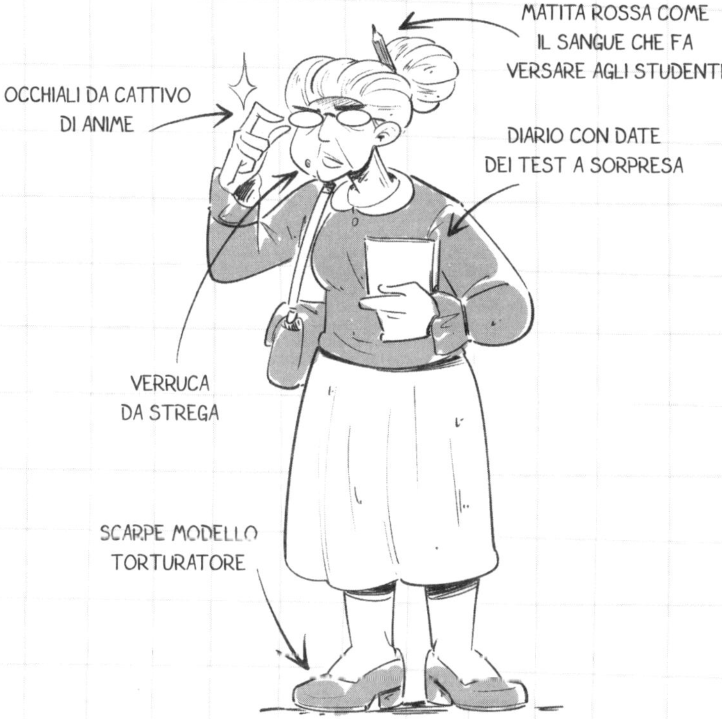

La Cedroni è famosa per i suoi **test a sorpresa**. Per fortuna Marco e il suo nuovo amico, Antonio, sono seduti vicini e possono scambiarsi un po' di aiutini durante i compiti in classe. Non ce n'è uno più bravo dell'altro: è più uno sforzo comune per sopravvivere.

Entrambi hanno superato l'ultimo compito di matematica preparandosi insieme e accaparrandosi un dignitosissimo sei e mezzo che ha accontentato professoressa e famiglie. Ma la prossima verifica non è lontana e farebbero meglio a studiare un po' di più.

Il prof Pasaglia di italiano, invece, è un professore giovane che quando ero alle medie io non c'era.
È meno severo della Cedroni, ma anche lui fa studiare parecchio. Marco in particolare è molto

bravo con l'analisi grammaticale, più bravo di me alla sua età. O forse più bravo di me adesso?

Il prof Pasaglia ha assegnato come compito di leggere un libro a scelta prima di Natale. Peccato che io questo libro lo stia ancora scrivendo, altrimenti avrei potuto suggerire a Marco di leggere il mio come compito! Sarebbe stato divertente, considerato che parla di lui.

I professori sono tanti, alcuni più bravi e altri meno bravi, ma ognuno ha qualcosa da insegnare e tutti devono essere rispettati. Poi ce n'è uno che è un concentrato di problemi: il prof Mottoli di scienze motorie. A guardarlo così sembra un tipo a posto.

Il prof Mottoli appartiene a una categoria di professori che conosco bene: la peggiore, cioè quelli che pensano a qualsiasi cosa tranne che a insegnare la loro materia. Sono rari ma ce ne sono, e incontrarli è sempre una disgrazia.

Marco mi ha raccontato che il prof Mottoli non fa i cruciverba durante le lezioni, ma in compenso ha un profilo Instagram a cui si dedica anima e corpo. Lavora incessantemente per ottenere più follower, anche durante le ore di lezione.

↘ Specialmente durante le ore di lezione. Ha capito infatti che i suoi studenti sono molto più interessanti di lui e li coinvolge nei video più assurdi.

Non passa lezione di ginnastica senza che il prof Mottoli non tiri fuori qualche nuova idea strampalata, e Marco si lamenta sempre.
“Con la nostra solita fortuna” mi ha detto, “l’unico prof che non ci fa fare la sua materia è quello che dovrebbe farci correre, saltare e giocare!”
Mottoli invece pensa solo ai suoi follower.

Come in ogni classe, c'è uno studente che farebbe qualsiasi cosa per compiacere i prof. In classe di Marco si chiama Kevin Toffarelli. Non importa quanto siano strambe le idee del prof Mottoli, Kevin è sempre pronto.

Marco mi ha spiegato che chi non aiuta il prof con i suoi video è costretto a stare in balia di Manuela Bottini. L'alternativa ai video per Instagram, infatti, sono sanguinose partite di palla avvelenata tra Bottini e il resto del mondo. Nonostante i numerosi feriti a ogni lezione, dato che il prof Mottoli è sempre risucchiato dai suoi social, Manuela Bottini continua a tirare pallonate che farebbero scansare anche Goku.

Dispiaciuto per Marco, ho provato a pensare a qualcosa per risolvere la situazione, ma un prof è sempre un prof e la sua parola in classe dev'essere rispettata. L'unico consiglio che ho potuto dare a Marco è ripiegare sul buon vecchio schiacciasette, o sette si schiaccia, ma anche questo non funziona sempre.

Ma le sorprese non finiscono mai. Tra tutti i nuovi insegnanti, ce n'è una da cui Marco non si sarebbe mai aspettato di avere problemi: la professoressa Verdini di musica. E invece è arrivato anche il suo momento, quando è stata annunciata la recita di Natale.

“Tante cose alle medie sono più difficili” mi ha detto Marco una mattina mentre lo accompagnavo a scuola. “Il calcio? Più difficile. I compiti? Più difficili! In cambio speravo di essermi liberato della recita! E invece ci si è messa la prof Verdini!”

Io ho sempre trovato divertenti le recite. Creano una bella atmosfera, è bello preparare tutti insieme scene e costumi, e soprattutto permettono di vincere la timidezza. In seconda elementare, per esempio, mi sono sciolto molto interpretando un fantastico Tommy dei Tre porcellini.

Anche Marco, alle elementari, aveva un buon rapporto con le recite. Per tre anni di seguito, nello spettacolo di Natale gli è stato affidato il ruolo di "Pastorello 3", che ha sempre interpretato con serietà e impegno.

A Marco non piace essere al centro dell'attenzione e Pastorello 3 era il ruolo perfetto per lui.
La prof Verdini però fa sul serio, e allo scoccare del 1° dicembre ha organizzato un provino per assegnare le parti. Marco non se l'è cavata troppo male e così è stato ammesso tra i personaggi della grotta.

Il mio amico Marco non l'ha presa bene. La sua carriera d'attore lo ha portato pericolosamente vicino ai riflettori, che naturalmente sono puntati sui pesi massimi: San Giuseppe e la Madonna.

Anna Wang invece fa la stella cometa, e per Marco è giusto così. Ha letto in un libro che le comete non sono altro che pezzi di ghiaccio che vagano per lo spazio e gli sembra che Annina, con il suo sguardo raggelante, sia perfetta per la parte.

Dopo aver ricevuto la notizia, Marco se n'è subito lamentato a tavola con i genitori, che però non sono rimasti scandalizzati come lui.
Il padre si è fatto una GRAN RISATA e la madre ha perfino raccolto la sfida.

Mentre i suoi genitori non hanno dato molta importanza alla questione, sua sorella Viviana lo ha subito messo in guardia contro i rischi di interpretare l'asino in una recita.
Marco me lo ha riferito mentre lo accompagnavo a scuola, ma io gli ho detto di non preoccuparsi, nessuno lo avrebbe chiamato "asino".

Ammetto che questa volta mi sono sbagliato.

Il fatto che Denis Lorenzoni avesse perfino rinunciato ai suoi insulti ortofrutticoli mi ha fatto preoccupare, ma l'ho tenuto per me. Per non scoraggiare Marco gli ho detto che Denis è un bullo antipatico e che quello era chiaramente un caso isolato, ma l'arrivo a scuola mi ha dato definitivamente torto.

Ormai conosco bene Marco e ho capito che quando le cose si mettono male tende a fare una cosa che le fa andare ancora peggio: chiede consiglio alla sorella. E lei come sempre non ha esitato a mandarlo ancora più nel panico. "Te l'ho già detto, è una sciagura!!! Asino? Immagina cosa penseranno i professori" gli ha detto. "Cosa penseranno i professori del liceo!"

Dopo aver parlato con la sorella, Marco non aveva più dubbi: doveva assolutamente ottenere da un compagno di scambiare la parte nella recita.

Marco ha chiesto a tutti. Ha chiesto a Bensaid, a Pellegatti e ha trovato il coraggio di chiederlo anche a Ginevra Pascali, alla quale non aveva mai rivolto la parola direttamente.

L'unica a cui non ha chiesto è Anna Wang, per paura di essere raggelato. Per ultimo ha chiesto al suo unico amico, Antonio, pur sapendo che la parte dell'asino lo avrebbe condannato a una vita terribile.

È arrivato anche a offrire dieci euro a Barletta per scambiare la parte dell'asino con la sua, quella del pastore che dorme e si perde il passaggio della cometa. Ma Barletta non ha accettato, e questo ha convinto Marco ancora di più del fatto che questo asino è una sonora fregatura.

A quel punto, prima che Marco annegasse nell'immondizia, ho capito che dovevo intervenire per aiutarlo. Non era facile, questa volta, e ci ho pensato per tutta la notte.

Come fare a migliorare una parte semplice come quella dell'asino? Forse bastava renderla ancora più... asinosa!

La mattina dopo avevo la soluzione.

Ho aspettato Marco nel cortile e mentre lo accompagnavo a scuola gli ho spiegato quello che avevo in mente.

Una super-imitazione di un asino che mastica la paglia, "made in Khaby". Ho chiesto a Marco di ripetermela più volte, fino a quando non l'ha padroneggiata perfettamente, e poi gli ho detto che era pronto. Quella stessa mattina l'ha rifatta per i suoi compagni e...

Tutti si sono messi a ridere di gusto. Durante le prove il momento in cui l'asino mastica la paglia è diventato il momento più amato della recita e tutti hanno invidiato la parte di Marco. Malick gli ha perfino chiesto di fare cambio.

Marco ovviamente ha rifiutato, perché ormai è lui l'unico e inimitabile asino di Natale. È arrivato il giorno della recita e anche io mi sono intrufolato tra le famiglie per vedere come andava. È stato un successone! La masticata di paglia ha fatto sbellicare il pubblico e Marco ha fatto anche il bis nella parte del cammello dei Re Magi.

L'unica che non ha riso alla scena dell'asino è stata Anna Wang, che da quanto ho capito è una ragazzina molto seria e non ride quasi mai.

MIRACOLO DI NATALE!

Quando però è arrivato il bis del cammello, mi sono accorto che anche lei si è fatta sfuggire un sorriso.

È stato un bel Natale. Mia madre mi ha regalato una padella, mio padre un casco per lo scooter e mia zia un altro maglione che non metterò mai. Un'annata positiva, tutto sommato, ma a Marco è andata **MOLTO meglio...**

Videogiochi, che passione. Anche io all'età di Marco li adoravo, e ancora oggi se c'è da fare una nottata a Fifa non mi tiro indietro.

Marco invece non vedeva l'ora di giocare a BattleZero, un'arena multiplayer così caotica che, dopo due minuti che lo guardavo schiacciare freneticamente i pulsanti, mi sono subito sentito vecchio.

Purtroppo, come capita per molti giochi, non è tanto la partita che conta. Non importa vincere o perdere, essere bravi, né tantomeno divertirsi. Ciò che conta è avere la skin più rara con le armi e gli accessori più rari per potersi vantare con gli amici. In pratica è un grande gioco di figurine travestito da battaglia tra alieni-pirati-ninja-robot-cowboy-ortaggi armati fino ai denti.

Armi, armature, ali, cavalcature,

ce n'è per tutti i **GUSTI!**

Kevin Toffarelli, che non riscuote molto successo perché fa un po' troppo il lecchino con i professori, di colpo è diventato il più simpatico della classe solo perché ha pescato il **Mantello dell'Ammantamento**. Poi dopo una settimana l'effetto è svanito.

Ma c'è un accessorio che più di ogni altro è desiderato nella classe di Marco. Lo indossava il personaggio del campione italiano di BattleZero quando ha battuto il record mondiale di folgorazioni a catena, e ora tutti lo vogliono: è il rarissimo Cappello Rosso di Straglothon!!!

"E tu vuoi pilotare uno slittino?" ho domandato a Marco scherzando, ma lui è rimasto serissimo. "Se trovassi il Cappello Rosso di Straglothon" mi ha risposto, "potrei finalmente diventare amico di tutti. E dato che non sono un lecchino l'effetto potrebbe durare anche più di una settimana! Chissà quante cose potrei fare con quel cappello!"

In BattleZero però c'è solo un modo per trovare gli oggetti più rari: aprire una montagna di box, e le box si comprano con i soldi veri. **Risultato?** Da quando Marco ha la Switch, passa sempre più tempo a comprare box di BattleZero e ad aprirle.

La paghetta di Marco è una normale paghetta e queste box costano care. Ha anche rotto il salvadanaio nel quale accumulava monetine da cinque anni.

Come se non bastasse, Marco segue uno youtuber che fa video in cui apre le box di BattleZero nei luoghi più assurdi, in base alla strana idea che più è strano il luogo, più sarà fortunata la pesca. Box opening a casa di mia nonna, box opening nel camerino di Louis Vuitton, box opening sulla torre di Pisa.

Quest'ultima moda ha portato Marco a compiere una serie di gesti un po' strani.

Nel migliore dei casi sono solo luoghi improbabili.

Nel peggiore dei casi sono anche rischiosi.

Ieri Marco mi ha scritto su WhatsApp chiedendomi se conoscevo qualcuno con una Lamborghini, perché ha visto un video di una youtuber russa che apre una box mentre fa un giro in Lamborghini e pesca due carte **ultra-rare**.

E così ha deciso che quella è la sua unica speranza di trovare il mitico Cappello...

Io in verità conosco alcune persone che hanno una Lamborghini, ma non l'ho detto a Marco perché ho deciso che era ora di finirla con questa storia assurda.

Perciò, invece di procurargliene una, gli ho proposto di portarlo a fare un giro sulla mia macchina che, nel mio stile, è bella ma è molto più semplice.

Così oggi pomeriggio dopo che ha finito i compiti l'ho portato al centro commerciale. Il viaggio non è andato benissimo, ma ho tenuto duro.

Alla fine siamo arrivati al centro commerciale e l'ho portato dritto al negozio di articoli sportivi al primo piano, dove gli ho regalato...

Per fortuna Marco ha capito cosa volevo dirgli e da quel momento ha smesso di dare così tanta importanza agli accessori di BattleZero.
Certo, due giorni dopo Jessica Ruffo ha pescato il Cappello Rosso di Straglothon (tra l'altro mentre era seduta sul gabinetto di casa sua!!!) e Marco ci è rimasto un po' male. Ma intanto si è abituato al suo nuovo vero cappello e penso che non lo toglierà finché non tornerà il caldo.

Marco deve scegliere come vestirsi per una festa di Carnevale, sono settimane che ne parliamo. È indeciso tra pirata, Zorro e moschettiere. Tutti grandi classici molto divertenti, se lo chiedete a me. Purtroppo per Marco, non sono io a dettare la moda nella sua classe.

Ho chiesto a Marco se avesse dimenticato la regola fondamentale: mettere quello che si vuole e **andare a testa alta**. Mi ha risposto che a Carnevale il gioco si fa molto più duro. E, per quanto suoni strano, quando il gioco si fa duro non si può avere una spada.

In quest'occasione sono fiero di aver trovato una soluzione rapida. Dopotutto, aveva già un cappellino rosso uguale al mitico Cappello Rosso di Straglothon, non gli mancava molto per travestirsi da personaggio di BattleZero.

Risolto il problema del vestito, Marco si è avviato alla festa con il sorriso sulle labbra. Ha mangiato i panini, bevuto l'aranciata, tirato pop corn e fatto tutto quello che un undicenne ama fare a una festa.
Aveva però trascurato un piccolo dettaglio...

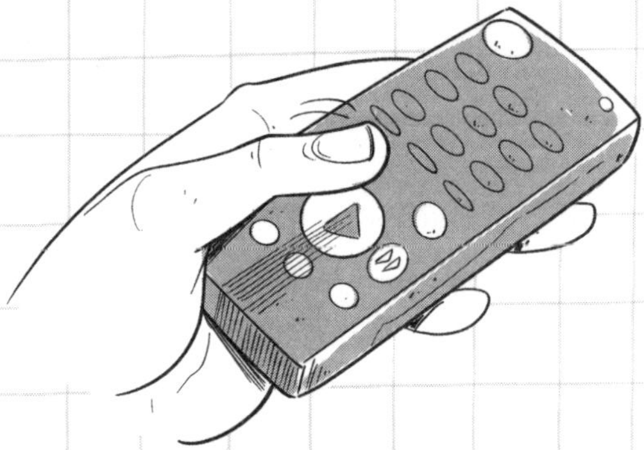

Facciamo un passo indietro: dopo tutte le feste di compleanno organizzate ai campi di calcio, questa è la prima festa della I C in casa, e di conseguenza la prima festa in cui si può...

"A me non piace ballare" mi ha detto Marco, che nella lingua degli undicenni significa: "Vorrei ballare ma mi vergogno e quindi non lo faccio mai e quindi se anche ci provo il risultato lascia molto a desiderare". Ma il mio amico non è l'unico a cui "non piace ballare": sono in tanti tra i suoi compagni a **spiaccicarsi** contro la parete per il terrore di doversi esibire davanti a tutti. Maschi e femmine.

La sorpresa per Marco è stata scoprire che anche Anna Wang era troppo timida per ballare. Realizzare questa cosa lo ha spinto a trovare il coraggio per parlarle. "Neanche a te piace ballare?" le ha domandato. La risposta è stata la solita occhiataccia.

Le feste delle medie sono spesso così: uno **schieramento di timidi** appiccicati al muro e poche/i coraggiose/i che si avventurano fino al centro della stanza.

Io, personalmente, credo nel diritto di tutti a divertirsi a prescindere dalle capacità tecniche nel ballo, e l'ho detto a Marco: "Che importa se ci sono compagni più bravi di te?".

Il mio amico ha risposto raccontandomi i suoi tentativi di vincere la timidezza e ballare, una festa dopo l'altra.

- Nel periodo di Carnevale, ma non solo, fare grande attenzione ai coriandoli.

- Fare ancora più attenzione a cosa c'è per terra, come ha imparato quella volta che, dopo aver raccolto tutto il suo coraggio, si è lanciato a ballare nel mezzo della stanza.

- Ma la cosa più importante per Marco è essere **sempre pronti** all'evento estremo: essere invitati a ballare da una ragazza. Perché non importa se è carina o meno, se ti piace o meno: se non sei preparato a rifiutare con gentilezza, andrà a finire sempre nello stesso modo.

Se lo chiedete a me, il segreto è tutto nello sciogliersi un po'. Anche io all'età di Marco ero piuttosto impacciato e non mi divertivo molto, ma poi a poco a poco ho cominciato a rilassarmi e ho scoperto una cosa fondamentale: l'unico modo per sciogliersi è → BALLARE.
Vedete il problema?

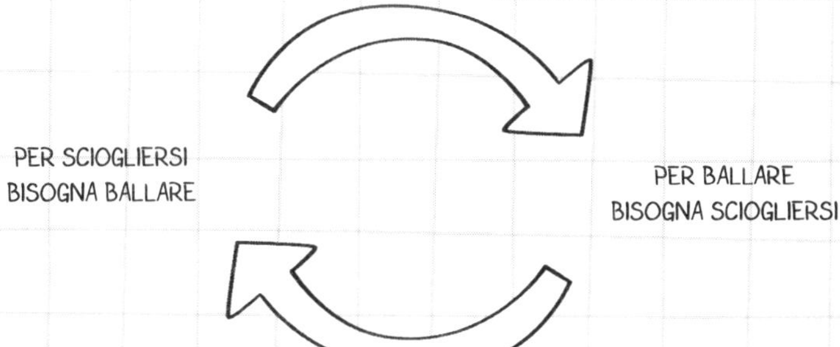

Come se ne esce?! Esercitandosi un po' quando si è soli, o con degli amici fidati che non ci mettono in imbarazzo. Per questo ho deciso di insegnare a Marco e al suo amico Antonio una piccola Khaby Dance che ho inventato per l'occasione.

Una sequenza di passi semplici semplici, niente di più. Ma in questo modo Marco e Antonio avevano una piccola routine da eseguire per prendere coraggio.

Non basterebbe per vincere Italia's Got Talent, ma almeno Marco poteva divertirsi con i suoi amici. Marco e Antonio erano molto nervosi e temevano di non ricordare i passi.

Per fortuna con la Khaby Dance se la sono cavata, e anche gli altri, vedendo che due dei più timidi della classe ballavano senza vergognarsi, si sono lanciati in pista per unirsi a loro.

Sono **tempi duri** per Marco. A lezione di inglese ha utilizzato correttamente un periodo ipotetico inventando la frase *If I were a frog I would jump*, che vuol dire più o meno "Se fossi una rana, salterei".

Una frase corretta, ma niente di eccezionale. Eppure il resto della I C è rimasto colpito come se Marco avesse recitato un'intera opera di Shakespeare, al punto che all'uscita Manuela Bottini ha deciso di spintonare il povero Marco. Tutta la scuola ha assistito alla scena e si è domandata il motivo di quell'aggressione improvvisa.

Nel giro di poche ore il disastro era compiuto: Marco si era fatto la fama del **secchione**, e ora tutti i bulli della scuola volevano conoscerlo.

Perfino i suoi compagni di classe, che ormai lo conoscono benissimo, preferiscono credere alla voce che si è sparsa.
"Per una stupida frase su una rana, ora per tutti sono un secchione" mi ha spiegato.
"È un bel salto!" ho risposto io, ma lui non ha riso alla mia battuta.

Se c'è un vantaggio nell'essere secchioni è che i professori danno per scontato che hai studiato. Un solo professore non fa differenza tra secchioni e resto del mondo, il prof Mottoli, l'insegnante di scienze motorie, per cui c'è un'UNICA cosa che conta: far crescere il numero dei suoi **follower**.

Sono tempi duri per Marco e anche per il resto della I C: il prof Mottoli, infatti, ha 1993 follower su Instagram e vuole assolutamente arrivare a 2000. Ha anche già pronta un'immagine con una gag che probabilmente pensa di aver inventato lui.

Se ricordate,
il prof Mottoli
ha l'abitudine di
ignorare completamente
dettagli come far allenare
gli studenti, tenerli in forma o
insegnargli uno sport, perché è troppo impegnato a pensare ai suoi social. E ora che deve arrivare a 2000 iscritti il suo impegno è davvero sceso a **zero**. E questa cosa a Marco proprio non va giù.

Stamattina il prof Mottoli è arrivato a scuola con un'idea davvero ambiziosa: realizzare una mannequin challenge. È una challenge che andava di moda qualche anno fa, in cui tutti devono stare fermi come manichini mentre la telecamera si aggira nel gruppo. Il prof Mottoli ha deciso di farne una di una partita di pallavolo, ovviamente usando i suoi studenti.

Marco e i suoi compagni si sono dovuti piazzare sul campo di pallavolo immobili come statue in ogni possibile posizione. I più fortunati erano congelati nel mezzo di un palleggio ma c'erano anche quelli che dovevano stare accovacciati in bagher... o peggio.

Dopo venticinque minuti di posa, stremati, i poveri ragazzi hanno provato a spiegare al prof che la mannequin challenge è ormai vecchia di anni ed è assolutamente passata di moda. Ma non c'è stato verso di convincerlo.

Mottoli non si sarebbe accontentato fino a quando non avesse ottenuto la perfezione.

Se lo chiedete a me, questo prof Mottoli è davvero un **problemone**. E lo dico perché mentre Marco e i suoi compagni erano costretti a fare la mannequin challenge, mi trovavo a passare dalle parti della scuola e ho visto tutto attraverso la cancellata. Ho deciso di intervenire.

Per fortuna sono un tipo paziente... Alla fine il prof Mottoli mi ha notato e si è messo a gridare: "È Khaby Lame! È Khaby Lame!". Ha completamente dimenticato la challenge ed è corso a salutarmi, mentre i suoi studenti hanno potuto accasciarsi a terra.

Il prof mi ha chiesto di fare un SELFIE e io naturalmente mi sono prestato, perché un selfie non si nega mai, specialmente se serve a far riposare Marco e gli altri.

Risultato: Mottoli è rimasto lì a farsi selfie fino alla fine dell'ora. Ne ha postato uno ed è arrivato a 2992 follower, per cui adesso è ossessionato dall'idea di arrivare a 3000. Ma la cosa più importante è che questa terribile esperienza ha reso la classe più unita.

Me l'ha raccontato Marco quando è venuto a ringraziarmi per averli salvati tutti.
"Pensa che roba!" ha aggiunto il mio amico parlando del prof Mottoli. "È convinto che tu sia davvero Khaby Lame!"
"Ma io **sono** Khaby Lame" ho risposto.
Al che Marco si è fatto una risata e io ho capito che non si era mai accorto di chi fossi.

Insomma, Marco prendeva in considerazione tutte le possibilità tranne la più semplice, e questo non va bene. C'era un solo modo per convincerlo ed era molto semplice, **come piace a me**.

Dopo la nostra piccola vittoria contro il prof Mottoli mi aspettavo che l'umore di Marco migliorasse, e invece è peggiorato. Mi ha detto che è stanco perché sta studiando moltissimo, ma ho capito subito che non era quello il vero motivo.
Può capitare che anche i ragazzi svegli come Marco debbano studiare molto, certo, ma non fino a ridursi così...

Gli ho ricordato che con me poteva parlare di tutto. E poi ho aspettato con pazienza, come fanno **i veri amici**.

Alla fine, ieri pomeriggio, è stato lui a venire da me. Siamo andati al solito chiosco di Mimmo e lì, dopo aver ordinato due porzioni giga di patatine fritte, mi ha chiesto: "Ti ricordi quella mia compagna, Anna Wang?".

Avrei dovuto pensarci subito che un malumore così profondo non poteva che essere provocato da un **problema di cuore**.

Eppure alla sua domanda non mi sono scomposto e ho risposto soltanto: "Sì, me la ricordo, perché?".

"Pensavo di scriverle un messaggio."

"E per dirle cosa?"

"È questo il problema" si è lamentato Marco.

"Per dirle cosa?!"

"Tu cosa vorresti dirle?"

"Che mi piace!" ha ammesso alla fine, e io per congratularmi gli ho fatto un gran sorriso.

"Però di certo non posso scriverle che mi piace" ha continuato lui. "Per questo ho chiesto aiuto ad Antonio."

"È lui il tuo esperto in affari di cuore?"

"È l'unico che ha accettato di aiutarmi."

Ho risposto che era bello avere un amico fidato, ma secondo Marco la spiegazione era molto più semplice: anche Antonio ha finalmente ottenuto il suo primo cellulare e muore dalla voglia di chattare con qualcuno.

I due amici si sono subito messi al lavoro. Marco inviava ad Antonio i messaggi che voleva mandare ad Annina, e lui gli rispondeva che cosa ne pensava.

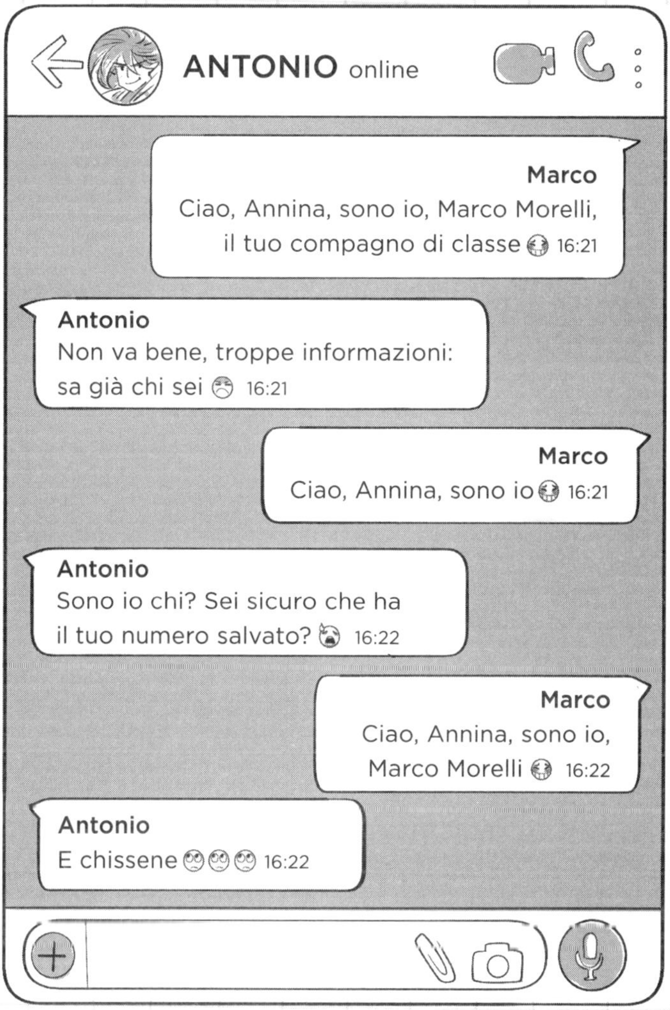

Da una veloce lettura della loro chat è **evidente** che nessuno dei due ha l'esperienza o l'istinto di un raffinato seduttore. Né di un qualsiasi tipo di seduttore, se è per questo.

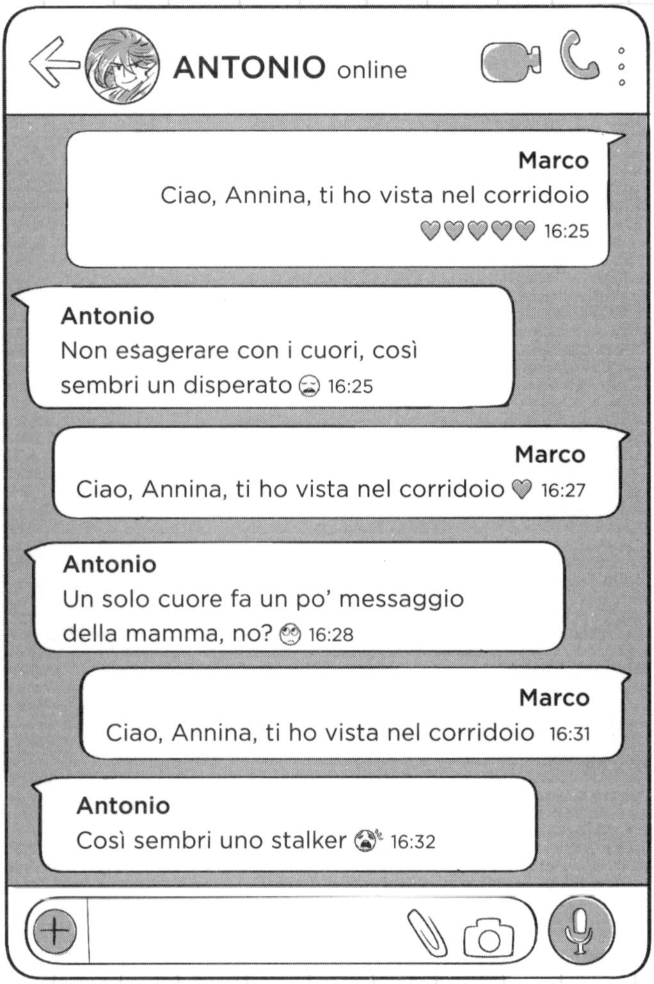

Più o meno le chat erano tutte su questo tono, così ho detto a Marco che avrebbe potuto chiedere anche a me. Lui mi ha risposto che sono grande, e che i grandi non ne capiscono **NIENTE** di certe cose. E per questo era andato a chiedere alla sorella.

Non ho mai parlato con la sorella di Marco, l'ho solo incrociata qualche volta di sfuggita, ma ormai ho capito una cosa di lei: se c'è un consiglio **sbagliato** da dare, Viviana Morelli lo darà, e infatti...

"No, no, no, no!" ho detto a Marco. "Mai lasciar perdere, anzi!" Infatti la pensavo all'opposto della sorella. Per me doveva scalare di marcia. Doveva parlarle faccia a faccia. Purtroppo, però, Marco escludeva categoricamente questa possibilità.

"Aspetta, aspetta" gli ho detto. "Ho la sensazione che questa cosa dello sguardo di Annina abbia preso una piega un po' troppo Mortal Kombat." E poi mi sono fatto raccontare tutte le volte che lei lo aveva congelato con lo sguardo, per analizzarle "**a freddo**".

MA SONO COMODE. A ME PIACCIONO!
VI CONOSCEVATE DA POCHI GIORNI, SEI SICURO CHE CE L'AVESSE CON TE E LE TUE SCARPE?
LE AVEVI FATTO VOLARE UNA SCARPA SUL NASO, CI PUÒ STARE CHE FOSSE ARRABBIATA
GIURO CHE NON L'HO FATTO APPOSTA!

Ripercorrendo i vari episodi ho dimostrato a Marco che questa degli sguardi raggelanti era più LEGGENDA che realtà. E poi, solo quando l'ho visto dubitare, ho calato la carta da novanta e gli ho raccontato quello che avevo visto alla recita.

Marco non ci poteva credere: "Annina ha davvero riso alla mia imitazione del cammello?".

"Riso un pochino" ho risposto io per essere onesto.

Un pochino, dopotutto, bastava: era la prova che Marco le è simpatico.

L'effetto "scongelante" è stato immediato.

Ho visto una **scintilla di coraggio** accendersi negli occhi del mio amico.

"Per questo" ho insistito, "devi parlarle faccia a faccia." Marco mi ha fissato a metà tra lo spaventato e il rincuorato. Aveva trovato il coraggio ma gli mancava ancora la cosa più importante.

"Sì, ma cosa le dico?!?!"

Io avevo già un'idea.

Gli ho spiegato cosa doveva dirle e lui ha commentato: "**Tutto qui??**".

"Sempre partire dalle cose facili" ho risposto io.

Il giorno dopo, all'uscita dalla scuola, mi sono appostato dietro un angolo per sbirciare che cosa succedeva.

La I C è sbucata dal portone e subito si è dispersa sul marciapiede. Marco invece è rimasto indietro e ha attirato l'attenzione di Annina (tirandole lo zaino, che non è un modo molto elegante, ma ha funzionato). Lei si è girata e...

Già mi immagino i più romantici che si vedono Marco e Annina felicemente insieme... Vi freno subito. Hanno chiacchierato e niente di più. Quando hai undici anni, aver trovato il coraggio di parlare a chi ti piace è già una conquista. Camminare per mano? Darsi un bacio? Forse, chissà, un giorno. Sempre partire dalle cose facili, e per fortuna Marco lo ha capito.

I problemi di Marco però non sono certo finiti, anzi...
"Che cosa ti succede adesso?" gli ho domandato quando l'ho visto nervoso. "Nessuno ti considera più un secchione, hai fatto amicizia con Annina, non sei soddisfatto?"

Ebbene sì: il mio amico è in preda al panico per l'arrivo della sua festa.
"E perché?" gli ho domandato scherzando.
"Odi i regali?" Ma il problema ovviamente è l'organizzazione. I suoi compagni, nel corso dell'anno, hanno fatto feste di tutti i tipi. C'è chi ha organizzato eventi grandiosi riscuotendo un incredibile successo, mentre altri hanno optato per una semplice festicciola.

"Le regole sono cambiate!" mi ha raccontato Marco in tono allarmato. "Il padre di Gigi Martini ha organizzato una caccia al tesoro a tema pirati ed è stato un disastro!"
"Perché i pirati sono sfigati?" Ricordavo qualcosa del genere dai tempi di Carnevale.

“Peggio ancora! Tutte le cacce al tesoro sono da <u>sfigati</u>!”

“E allora?” ho voluto sapere. “Che cosa serve per una buona festa?”

Marco non ha avuto dubbi: “Spazio, cibo, musica, invitati”. Cominciando dallo spazio:

La merenda, inutile dirlo, dev'essere più ricca possibile. Si va da un paio di vassoi di panini al prosciutto fino al catering professionale da festa di diciotto anni. Ma il cibo non è la cosa a cui i ragazzi di prima media badano davvero.

Purtroppo per Marco, non è solo la scelta della **musica**, ma anche la potenza dell'impianto a contare. Molti suoi compagni hanno noleggiato un muro di casse che basterebbe per un rave, mentre per i genitori di Marco va benissimo lo storico stereo portatile di famiglia.

E mentre in casa si combatte la battaglia per l'impianto, Marco ha un altro problema per il quale i genitori non possono aiutarlo: gli invitati.
I suoi compagni della I C non hanno dubbi: perché una festa spacchi davvero, devono esserci ragazzi e ragazze di altre classi.
Ragazzi, meglio se più grandi.
Ragazze, della stessa età altrimenti fanno troppa paura.

Per trovare invitati che facciano decollare la festa, avere fratelli o sorelle più grandi che possano portare i loro amici è DETERMINANTE, ma la dolcissima Viviana ha subito messo le cose in chiaro.

Devo ammettere che pensavo che Marco esagerasse sull'importanza di questi quattro parametri.
A parte la scelta della playlist, gli ho detto, sulle altre cose si può sorvolare.
Lui mi ha risposto con il caso di Malick Touré, che ha festeggiato in un giardino privato con gazebone, maxi impianto doppia cassa da 300 Watt, fotografo da discoteca e sul finale breve passaggio di Mirko Serpellini di III A. Quella sera stessa le ragazze della classe hanno incoronato Touré come nuovo più figo della classe.

"Poi, certo" mi ha detto Marco, "io non pretendo di arrivare a tanto. Mi basterebbe che i miei si impegnassero per non farmi sfigurare."
Ma non è proprio così...

Alla fine i genitori di Marco hanno preso una posizione che condivido in pieno. Gli hanno detto che è diseducativo spendere troppi soldi per una festa, che la cosa importante è poter passare un pomeriggio in compagnia degli amici.

Marco è davvero sconsolato e sta pensando di annullare la festa. Per il resto della giornata ho pensato a una soluzione, e ho continuato a pensarci tutta la notte. Mi sono concentrato così tanto che non ho neanche giocato ai videogiochi. Alla fine ho guardato un po' di cose su TikTok in cerca di un nuovo video da fare e mi sono imbattuto in un giapponese che intinge le zampe dei suoi gatti nella vernice e poi li guida con un puntatore laser per farli scrivere.

Quel puntatore laser, però, mi ha fatto venire una grande idea.

La mattina dopo ho aspettato Marco sotto casa per raccontargliela e gli è piaciuta un sacco. Ne ha parlato ai genitori, che hanno apprezzato molto e sono stati felici di coprire la spesa. E così è partito l'invito.

Da principio nessuno ha risposto. Ognuno, evidentemente, aveva paura di rendersi ridicolo se fosse stato l'unico ad accettare. A parte il buon Antonio, ma è a questo che servono gli amici.

Il mio piano però si basava sul fatto che alle feste di compleanno non si dice mai di no. E infatti quando è arrivato venerdì l'intera I C si è presentata al Laser Game e → indovinate? Si sono divertiti **TUTTI** come dei matti.

A sorpresa Ginevra Pascali, che aveva affondato la precedente partita, è stata l'autrice del maggior numero di uccisioni e ha perfino detto: "Dovremmo rifarlo". A quel punto tutti gli altri si sono lasciati andare e hanno promesso di organizzare almeno un'altra volta prima della fine della scuola. Qualcuno sostiene anche di aver visto Luca Pellegatti che faceva il suono del laser con la bocca.

E quando è arrivato il momento di spegnere le candeline, dovevate sentire che boato. Tutti cantavano a squarciagola come se fossero allo stadio.
Insomma, possiamo finalmente dirlo: Marco è arrivato alla fine del suo primo anno di medie sano e salvo e circondato da **tanti amici**.

E come l'anno scolastico, anche questo diario è arrivato alla fine. Spero che abbiate trovato tanti consigli utili per risolvere i vostri problemi.
E se c'è qualcos'altro che vi complica la vita, basta ricordare: sempre partire dalle cose facili.

E qui è dove mi hanno chiesto di raccontare chi sono.
Ci sono persone che scrivono pagine e pagine per raccontare la propria vita, rispondono a interviste infinite o addirittura scrivono libroni con le loro memorie (a me, lo sapete, piace leggere cose agili: manga, *Diario di una Schiappa*...). Ma quando inizi a chiederti "chi sono davvero?" non la finisci più di farti domande, e io preferisco le cose facili. Così sono andato sulla mia pagina di Wikipedia, su cui c'è già tutto: mi chiamo Khabane Lame, Khaby per gli amici, e sono nato nel 2000 in Senegal.
A un anno sono venuto a vivere in Italia. Ho lavorato come operaio ma durante la pandemia ho perso il posto.
Così ho potuto dedicarmi a TikTok e ho pubblicato i miei primi video. E direi che mi è andata discretamente bene, visto che ora ho 130 milioni di follower.